AF284391

Impressum
Verlag: BABADADA GmbH, Nedderfeld 112 , 22529 Hamburg
Geschäftsführer / Verlagsleitung: Harald Hof
Druck: Books on Demand GmbH, In de Tarpen 42, 22848 Norderstedt

Imprint
Publisher: BABADADA GmbH, Nedderfeld 112 , 22529 Hamburg, Germany
Managing Director / Publishing direction: Harald Hof
Print: Books on Demand GmbH, In de Tarpen 42, 22848 Norderstedt

學校

Schule

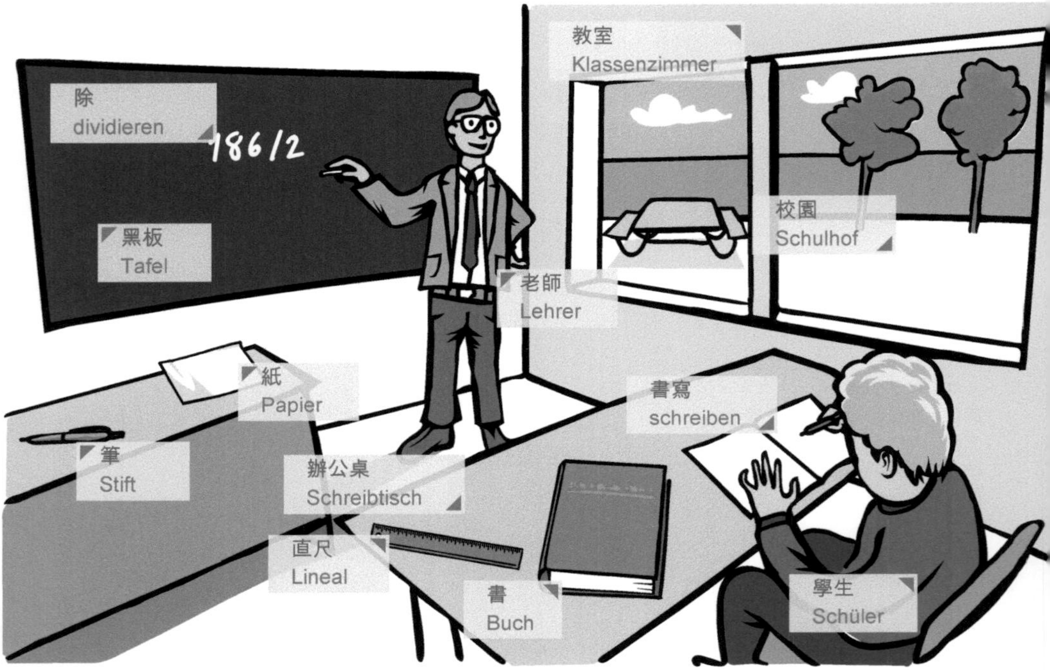

教室
Klassenzimmer
除
dividieren
186/2
黑板
Tafel
校園
Schulhof
老師
Lehrer
紙
Papier
書寫
schreiben
筆
Stift
辦公桌
Schreibtisch
直尺
Lineal
書
Buch
學生
Schüler

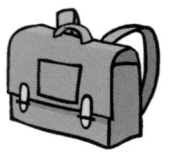

書包

Schultasche

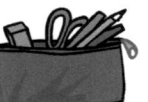

鉛筆盒

Federmappe

鉛筆

Bleistift

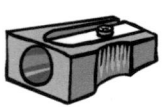

削鉛筆機

Bleistiftspitzer

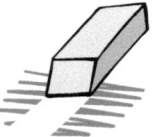

橡皮擦

Radierer

畫板

Zeichenblock

圖畫
Zeichnung

畫筆
Pinsel

顏料盒
Malkasten

剪刀
Schere

膠水
Klebstoff

練習冊
Übungsheft

家庭作業
Hausübung

數字
Zahl

加
addieren

減
subtrahieren

乘
multiplizieren

計算
rechnen

字母
Buchstabe

字母表
Alphabet

字
Wort

課文
Text

讀
lesen

粉筆
Kreide

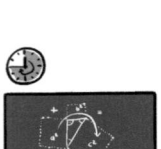

上課
Unterrichtsstunde

登記
Klassenbuch

考試
Prüfung

證書
Zeugnis

校服
Schuluniform

教育
Ausbildung

百科全書
Lexikon

大學
Universität

顯微鏡
Mikroskop

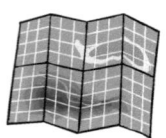

地圖
Karte

廢紙簍
Papierkorb

旅行
Reise

飯店
Hotel
Grand
青年旅社
Herberge
ROOMS
外幣兌換處
Wechselstube
手提箱
Koffer
汽車
Auto

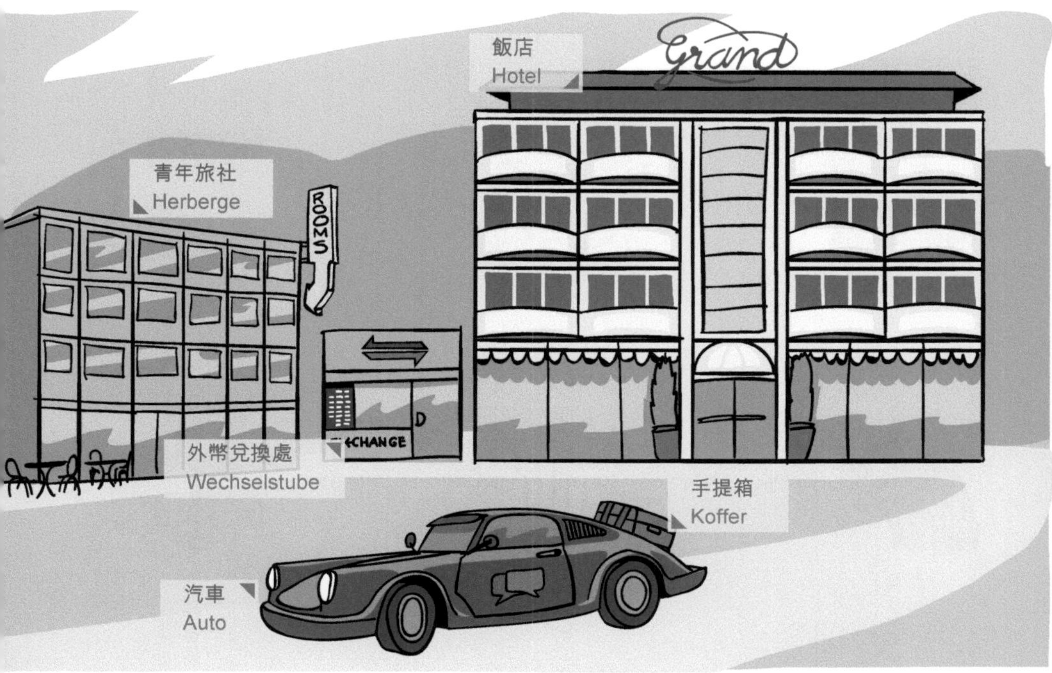

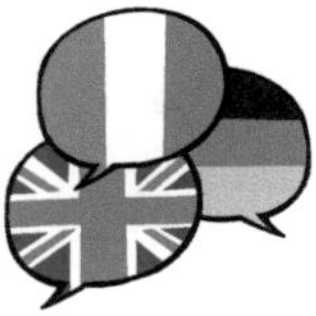

語言

Sprache

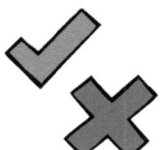

是/否

ja / nein

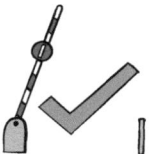

好的

Okay

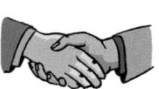

您好

Hallo

翻譯人員

Dolmetscherin

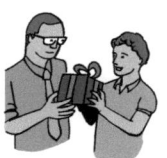

謝謝

Danke

……多少錢？

Wie viel kostet …?

我不明白

Ich verstehe nicht.

問題

Problem

晚上好！

Guten Abend!

早上好！

Guten Morgen!

晚安！

Gute Nacht!

再見

Auf Wiederschaun!

方向

Richtung

行李

Gepäck

包

Tasche

背包

Rucksack

客人

Gast

房間

Zimmer

睡袋

Schlafsack

帳篷

Zelt

旅行資訊
Touristeninformation

海灘
Strand

信用卡
Kreditkarte

早餐
Frühstück

午餐
Mittagessen

晚餐
Abendessen

票
Fahrkarte

電梯
Lift

郵票
Briefmarke

邊界
Grenze

海關
Zoll

大使館
Botschaft

簽證
Visum

護照
Pass

交通運送
Transport

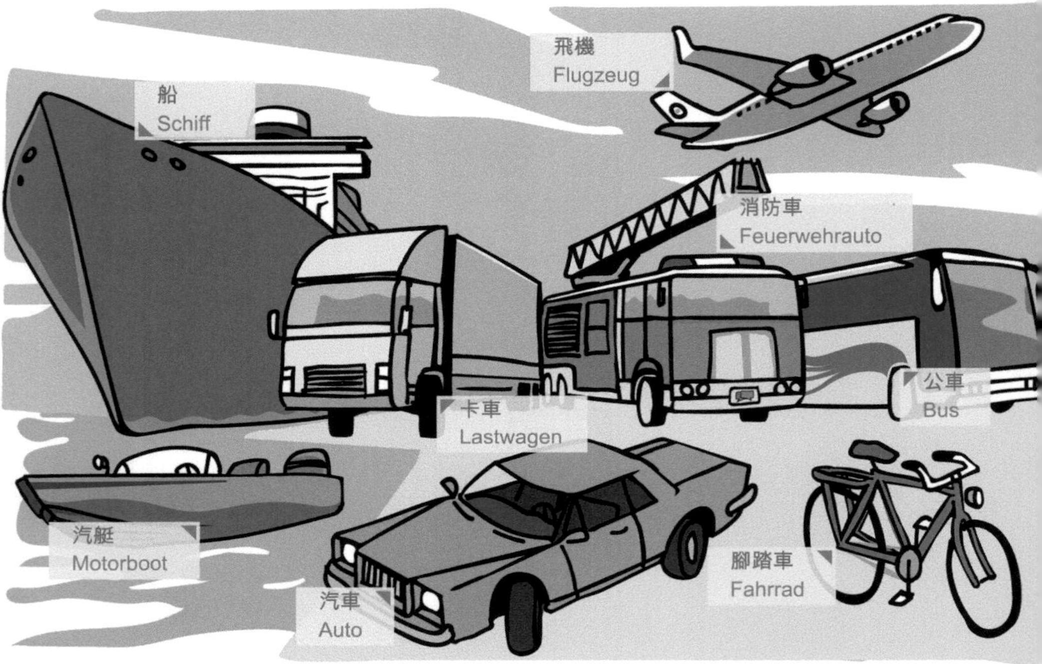

飛機
Flugzeug

船
Schiff

消防車
Feuerwehrauto

公車
Bus

卡車
Lastwagen

汽艇
Motorboot

汽車
Auto

腳踏車
Fahrrad

渡輪
Fähre

小船
Boot

機車
Motorrad

警車
Polizeiauto

賽車
Rennauto

租車
Mietwagen

拼車
Carsharing

拖車
Abschleppwagen

垃圾車
Müllwagen

馬達
Motor

汽油
Kraftstoff

加油站
Tankstelle

交通標識
Verkehrsschild

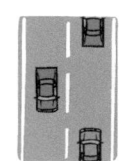

交通
Verkehr

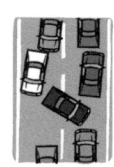

交通堵塞
Stau

停車場
Parkplatz

火車站
Bahnhof

軌道
Schienen

火車
Zug

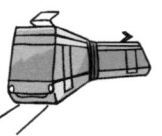

路面電車
Straßenbahn

客車廂
Wagon

直升機
Hubschrauber

機場
Flughafen

塔
Tower

乘客
Passagier

集裝箱
Container

紙板箱
Karton

手推車
Rollwagen

籃子
Korb

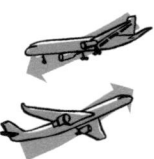

起飛/降落
starten / landen

城市
Stadt

村莊
Dorf

市中心
Stadtzentrum

房子
Haus

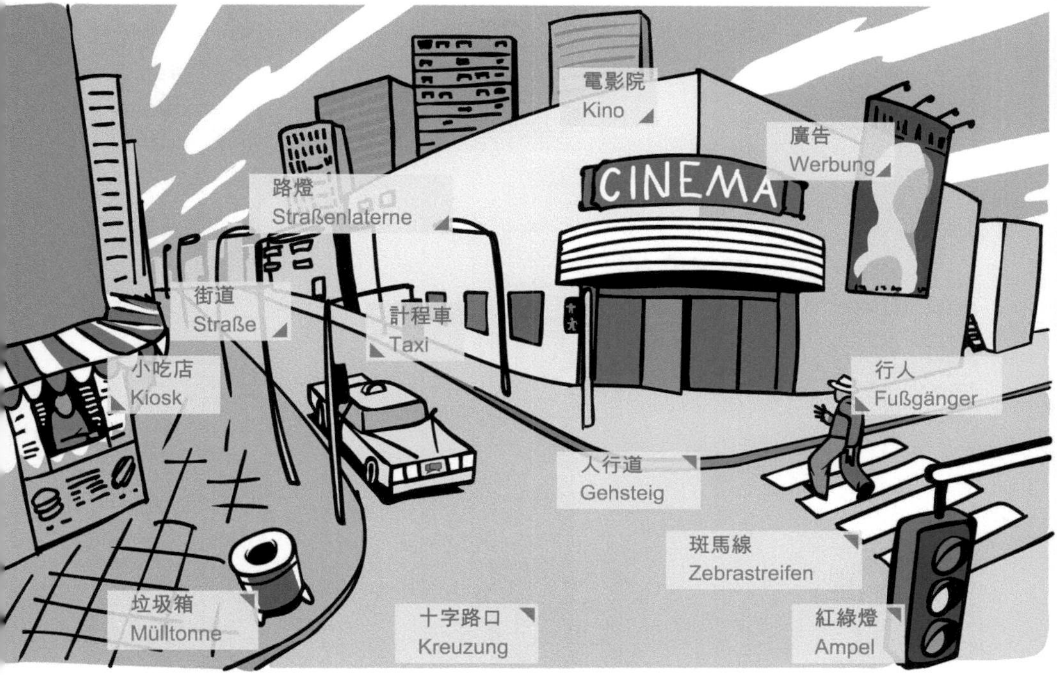

小屋

Hütte

公寓

Wohnung

火車站

Bahnhof

市政廳

Rathaus

博物館

Museum

學校

Schule

大學

Universität

銀行

Bank

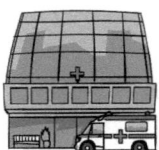

醫院

Spital

飯店

Hotel

藥房

Apotheke

辦公室

Büro

書店

Buchhandlung

商店

Geschäft

花店

Blumenladen

超市

Supermarkt

市場

Markt

百貨商店

Kaufhaus

魚店

Fischhändler

購物中心

Einkaufszentrum

海港

Hafen

公園

Park

長凳

Bank

橋

Brücke

樓梯

Stiege

捷運

U-Bahn

隧道

Tunnel

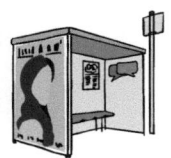

公車站

Bushaltestelle

酒吧

Bar

餐館

Restaurant

郵筒

Briefkasten

路標

Straßenschild

停車計時器

Parkuhr

動物園

Zoo

游泳池

Badeanstalt

清真寺

Moschee

農場

Bauernhof

污染

Umweltverschmutzung

基地

Friedhof

教堂

Kirche

操場

Spielplatz

寺廟

Tempel

地形
Landschaft

樹葉
Blatt

指示牌
Wegweiser

路
Weg

草地
Wiese

石頭
Stein

樹
Baum

徒步旅行者
Wanderer

河
Fluss

草
Gras

花
Blume

峽谷

Tal

丘陵

Hügel

湖

See

森林

Wald

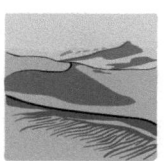

沙漠

Wüste

火山

Vulkan

城堡

Schloss

彩虹

Regenbogen

蘑菇

Pilz

棕櫚樹

Palme

蚊子

Moskito

蒼蠅

Fliege

螞蟻

Ameise

蜜蜂

Biene

蜘蛛

Spinne

甲蟲

Käfer

青蛙

Frosch

松鼠

Eichhörnchen

刺蝟

Igel

野兔

Hase

貓頭鷹

Eule

鳥

Vogel

天鵝

Schwan

野豬

Wildschwein

鹿

Hirsch

麋鹿

Elch

水壩

Staudamm

風力發電機

Windrad

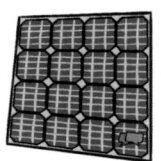

太陽能電池板

Solarmodul

氣候

Klima

餐館

Restaurant

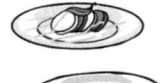

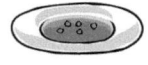

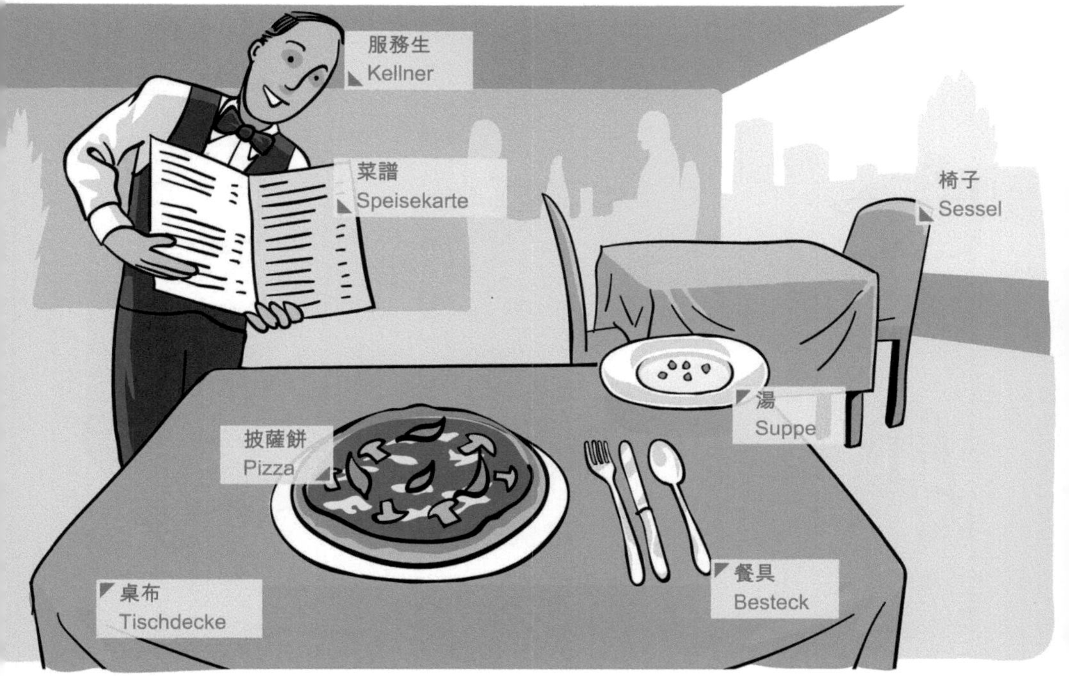
服務生
Kellner
菜譜
Speisekarte
椅子
Sessel
湯
Suppe
披薩餅
Pizza
餐具
Besteck
桌布
Tischdecke

前菜

Vorspeise

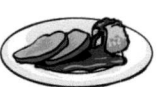

主菜

Hauptgericht

甜點

Nachspeise

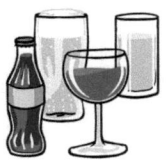

飲料

Getränke

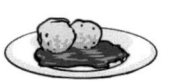

食物

Essen

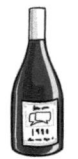

瓶子

Flasche

速食

Fastfood

街邊小吃

Streetfood

茶壺

Teekanne

糖盒

Zuckerdose

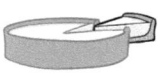

一份飯菜

Portion

義式咖啡機

Espressomaschine

高腳椅

Kinderstuhl

帳單

Rechnung

托盤

Tablett

刀

Messer

餐叉

Gabel

勺子

Löffel

茶匙

Teelöffel

餐巾

Serviette

玻璃杯

Glas

碟子
Teller

湯盤
Suppenteller

碟子
Untertasse

醬
Sauce

鹽瓶
Salzstreuer

胡椒研磨罐
Pfeffermühle

醋
Essig

食用油
Öl

調味料
Gewürze

番茄醬
Ketchup

芥末
Senf

美乃滋
Mayonnaise

超市
Supermarkt

特價
Angebot
FOR
顧客
Kunde
乳製品
Milchprodukte
購物車
Einkaufswagen
水果
Obst

BUTCHERS

肉鋪

Schlachterei

BAKERY

麵包店

Bäckerei

稱重

wiegen

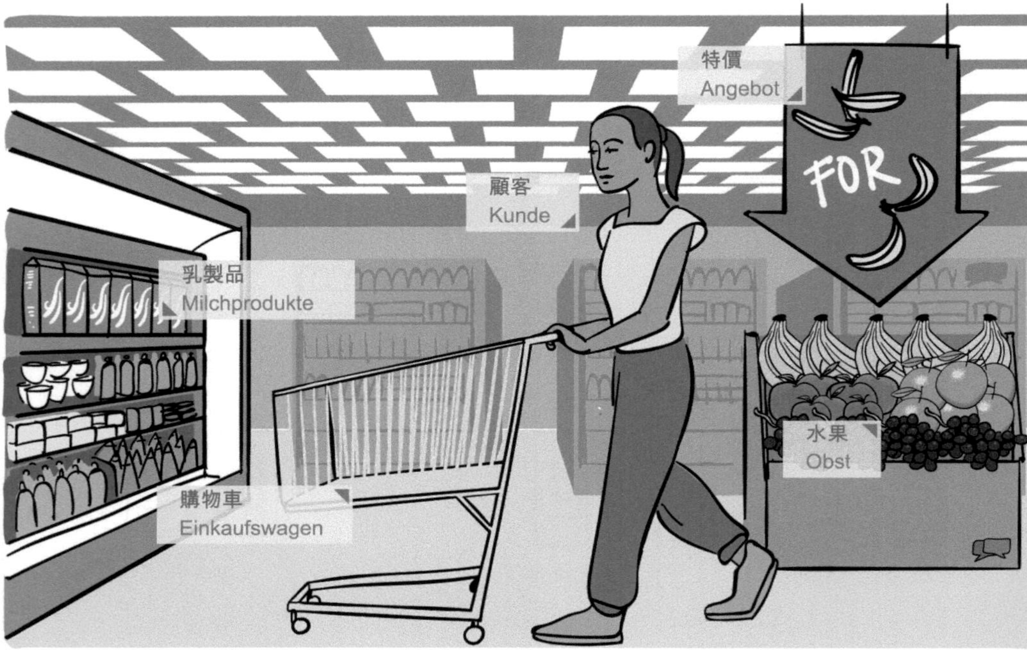

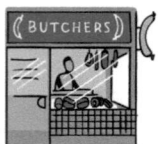

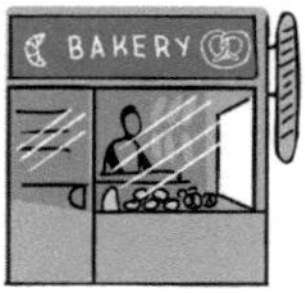

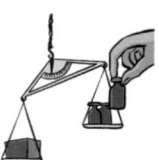

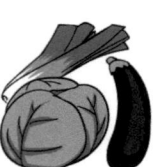

蔬菜

Gemüse

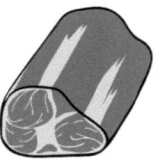

肉

Fleisch

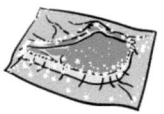

冷凍食品

Tiefkühlkost

冷盤
Aufschnitt

罐頭食品
Konserven

洗衣粉
Waschmittel

甜食
Süßigkeiten

日用品
Haushaltsartikel

清潔用品
Reinigungsmittel

銷售員
Verkäuferin

收銀機
Kassa

收銀員
Kassiererin

購物清單
Einkaufsliste

開放時間
Öffnungszeiten

錢包
Brieftasche

信用卡
Kreditkarte

袋子
Tasche

塑膠袋
Plastiktüte

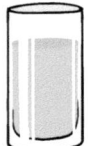

水

Wasser

果汁

Saft

牛奶

Milch

可樂

Cola

紅酒

Wein

啤酒

Bier

酒

Alkohol

可可

Kakao

茶

Tee

咖啡

Kaffee

義式濃縮咖啡

Espresso

卡布奇諾

Cappuccino

香蕉

Banane

蘋果

Apfel

柳丁

Orange

西瓜

Melone

檸檬

Zitrone

胡蘿蔔

Karotte

大蒜

Knoblauch

竹子

Bambus

洋蔥

Zwiebel

蘑菇

Pilz

堅果

Nüsse

麵條

Nudeln

義大利麵

Spaghetti

米飯

Reis

沙拉

Salat

薯條

Pommes frites

炸馬鈴薯

Bratkartoffeln

披薩餅

Pizza

漢堡

Hamburger

三明治

Sandwich

炸豬排

Schnitzel

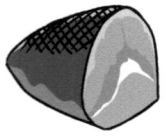

火腿

Schinken

義大利臘腸

Salami

香腸

Wurst

雞肉

Huhn

烤肉

Braten

魚

Fisch

燕麥片

Haferflocken

木斯里

Müsli

玉米片

Cornflakes

麵粉

Mehl

牛角麵包

Croissant

麵包捲

Semmel

麵包

Brot

吐司

Toast

餅乾

Kekse

奶油

Butter

凝乳

Topfen

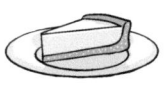

蛋糕

Kuchen

蛋

Ei

煎蛋

Spiegelei

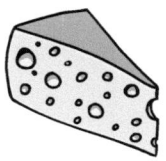

起司

Käse

冰淇淋

Eiscreme

糖

Zucker

蜂蜜

Honig

果醬

Marmelade

巧克力醬

Schokoladenaufstrich

咖哩

Curry

農場
Bauernhof

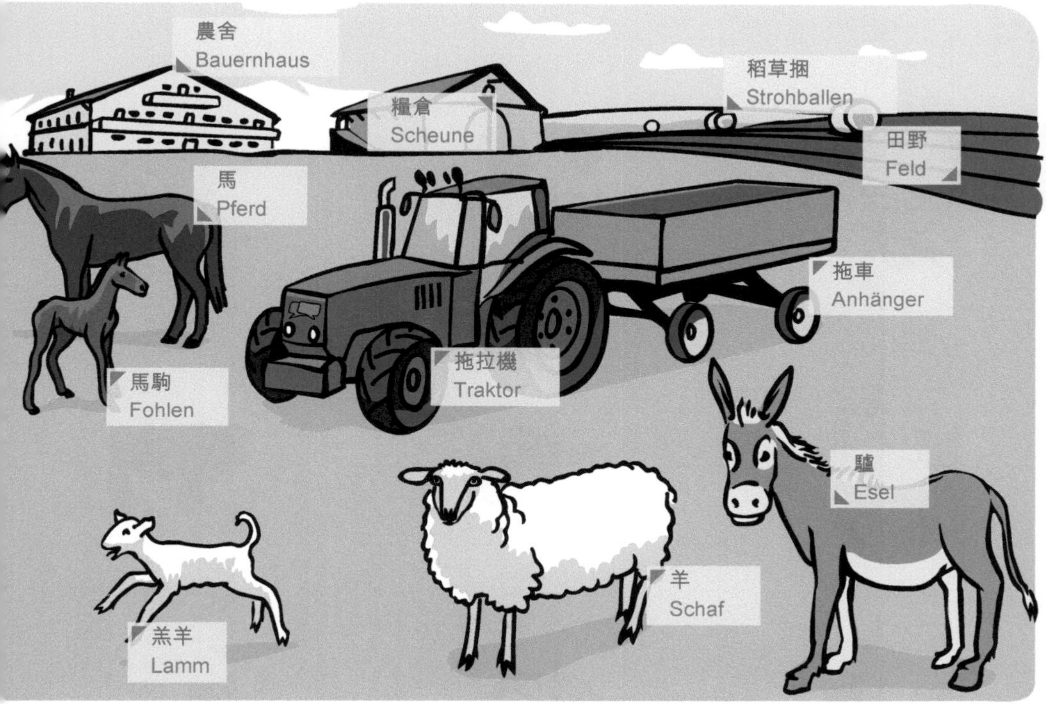
農舍
Bauernhaus
糧倉
Scheune
稻草捆
Strohballen
田野
Feld
馬
Pferd
拖車
Anhänger
拖拉機
Traktor
馬駒
Fohlen
驢
Esel
羊
Schaf
羔羊
Lamm

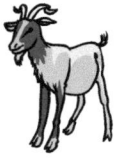

山羊

Ziege

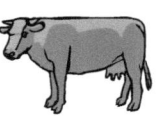

奶牛

Kuh

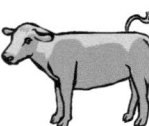

小牛

Kalb

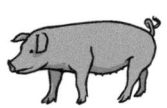

豬

Schwein

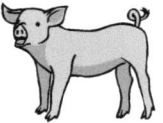

小豬

Ferkel

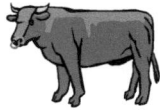

公牛

Stier

鵝
Gans

鴨
Ente

小雞
Küken

母雞
Huhn

公雞
Hahn

鼠
Ratte

貓
Katze

老鼠
Maus

牛
Ochse

狗
Hund

狗屋
Hundehütte

花園澆水軟管
Gartenschlauch

澆水壺
Gießkanne

長柄大鐮刀
Sense

犁
Pflug

鐮刀

Sichel

鋤頭

Hacke

長柄草耙

Mistgabel

斧頭

Axt

獨輪手推車

Schubkarre

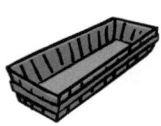

飼料槽

Trog

牛奶罐

Milchkanne

麻布袋

Sack

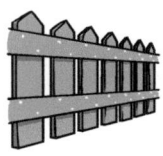

柵欄

Zaun

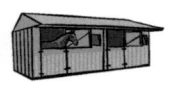

馬廄

Stall

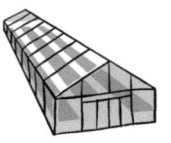

溫室

Treibhaus

土壤

Boden

種子

Saat

肥料

Dünger

聯合收割機

Mähdrescher

收割

ernten

收割

Ernte

地瓜

Yamswurzel

小麥

Weizen

大豆

Soja

土豆

Erdapfel

玉米

Mais

油菜籽

Raps

果樹

Obstbaum

樹薯

Maniok

穀物

Getreide

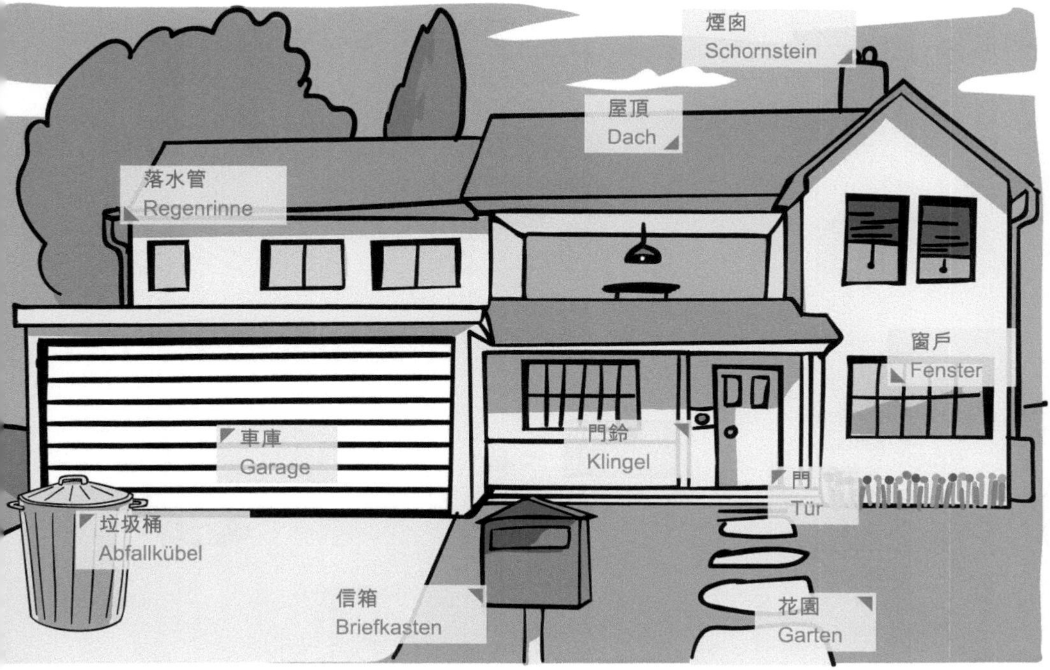

煙囪
Schornstein

屋頂
Dach

落水管
Regenrinne

窗戶
Fenster

車庫
Garage

門鈴
Klingel

門
Tür

垃圾桶
Abfallkübel

信箱
Briefkasten

花園
Garten

客廳
Wohnzimmer

浴室
Badezimmer

廚房
Küche

臥室
Schlafzimmer

兒童房
Kinderzimmer

餐廳
Esszimmer

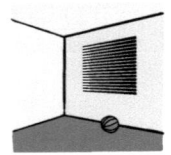

地板
Boden

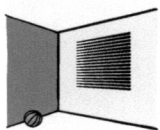

牆壁
Wand

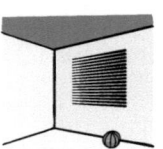

天花板
Decke

地窖
Keller

三溫暖
Sauna

陽臺
Balkon

露臺
Terrasse

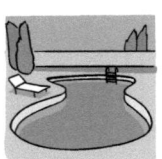

游泳池
Schwimmbad

割草機
Rasenmäher

被單
Bettbezug

床罩
Bettdecke

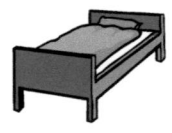

床
Bett

掃帚
Besen

水桶
Kübel

開關
Schalter

客廳
Wohnzimmer

壁紙
Tapete
相片
Bild
檯燈
Lampe
擱架
Regal
櫥櫃
Schrank
電視
Fernseher
壁爐
Kamin
花
Blume
墊子
Polster
沙發
Sofa
花瓶
Vase
遙控器
Fernbedienung

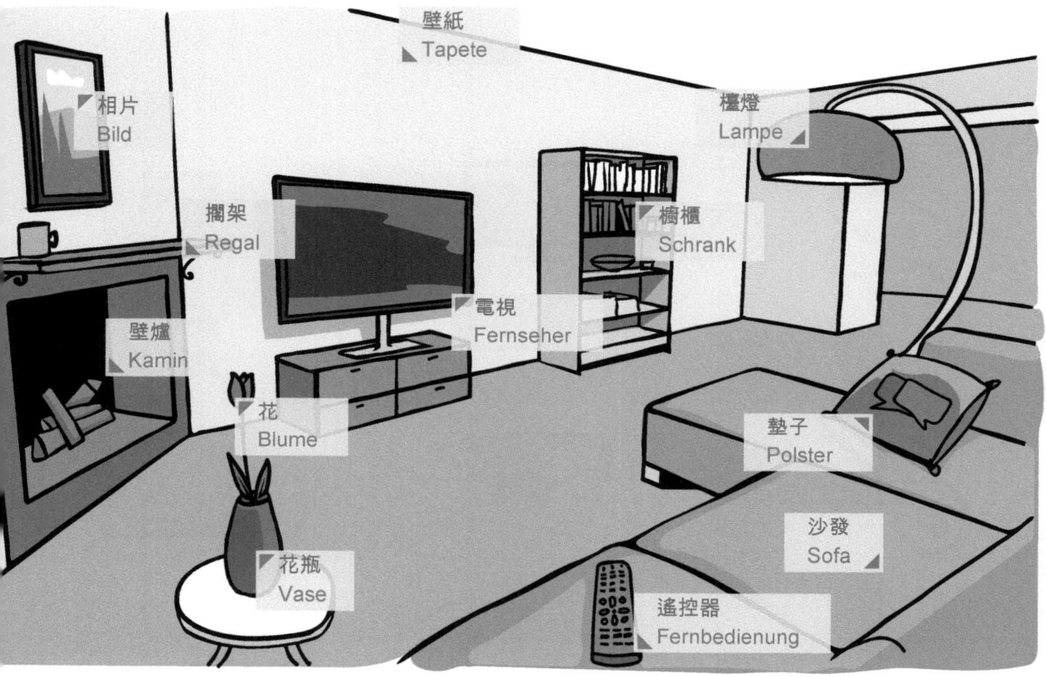

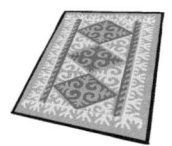

地毯

Teppich

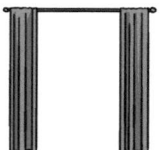

窗簾

Vorhang

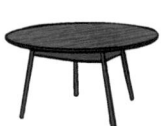

餐桌

Tisch

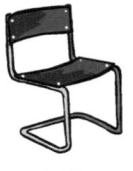

椅子

Sessel

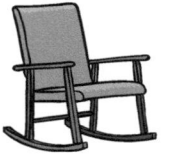

搖椅

Schaukelstuhl

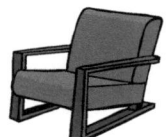

扶手椅

Sessel

書
Buch

毯子
Decke

裝飾品
Dekoration

木柴
Feuerholz

電影
Film

高傳真音響
Stereoanlage

鑰匙
Schlüssel

報紙
Zeitung

油畫
Gemälde

海報
Poster

收音機
Radio

筆記本
Notizblock

吸塵器
Staubsauger

仙人掌
Kaktus

蠟燭
Kerze

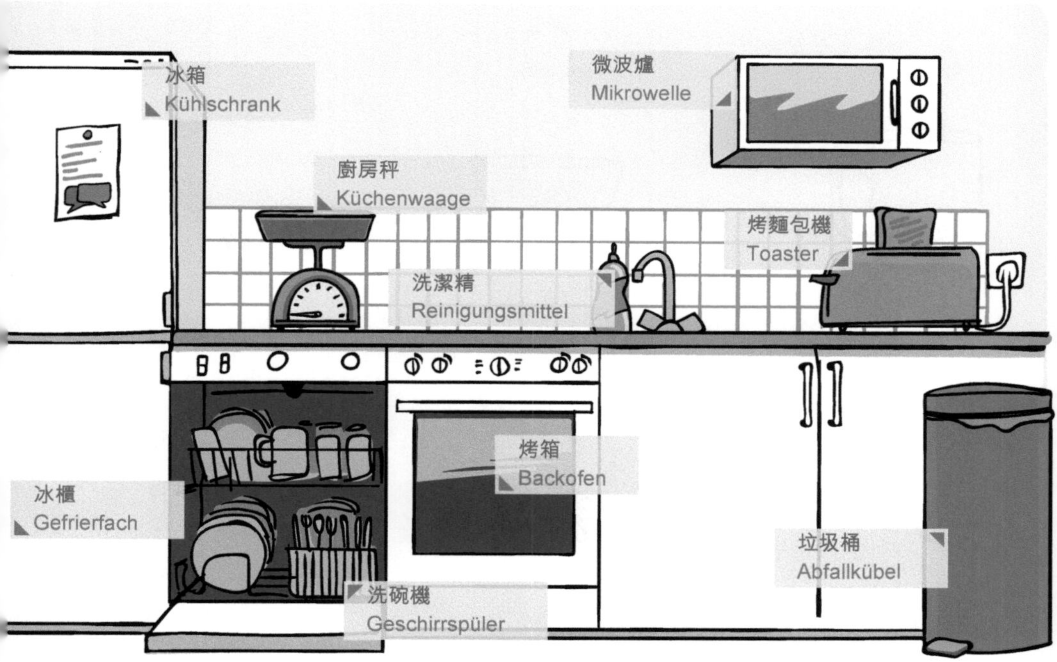

冰箱
Kühlschrank

微波爐
Mikrowelle

廚房秤
Küchenwaage

洗潔精
Reinigungsmittel

烤麵包機
Toaster

冰櫃
Gefrierfach

烤箱
Backofen

垃圾桶
Abfallkübel

洗碗機
Geschirrspüler

炊具
Herd

鍋
Topf

鑄鐵鍋
Eisentopf

炒鍋
Wok / Kadai

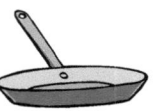

平底鍋
Pfanne

水壺
Wasserkocher

蒸鍋

Dampfgarer

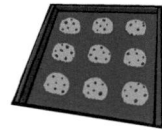

烤盤

Backblech

陶瓷鍋

Geschirr

馬克杯

Becher

碗

Schale

筷子

Essstäbchen

長柄勺

Schöpflöffel

鏟子

Pfannenwender

攪拌器

Schneebesen

濾網

Kochsieb

篩子

Sieb

磨碎機

Reibe

研缽

Mörser

燒烤

Grill

明火

Kaminfeuer

菜板
Schneidebrett

擀麵杖
Nudelholz

開瓶器
Korkenzieher

罐子
Dose

開罐器
Dosenöffner

隔熱手套
Topflappen

水槽
Waschbecken

刷子
Bürste

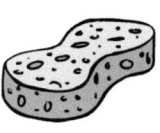

海綿
Schwamm

攪拌機
Mixer

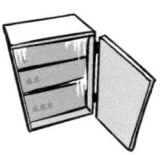

冷藏箱
Gefriertruhe

奶瓶
Babyflasche

水龍頭
Wasserhahn

浴室

Badezimmer

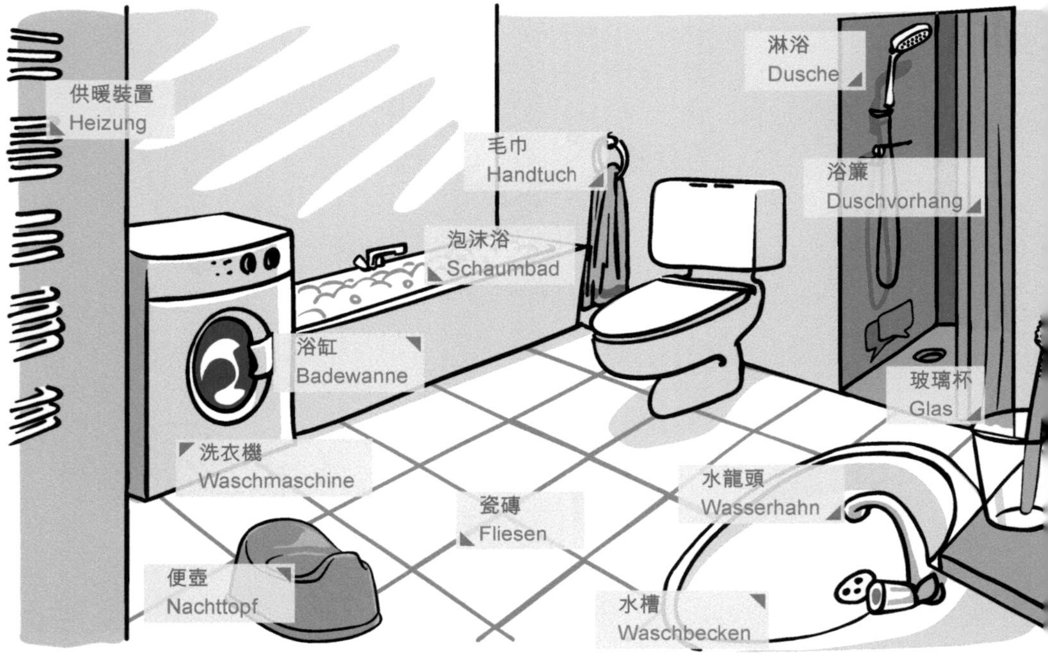

供暖裝置
Heizung
毛巾
Handtuch
淋浴
Dusche
浴簾
Duschvorhang
泡沫浴
Schaumbad
浴缸
Badewanne
玻璃杯
Glas
洗衣機
Waschmaschine
水龍頭
Wasserhahn
瓷磚
Fliesen
便壺
Nachttopf
水槽
Waschbecken

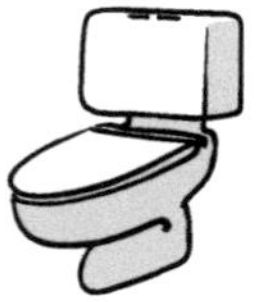

廁所

Klo

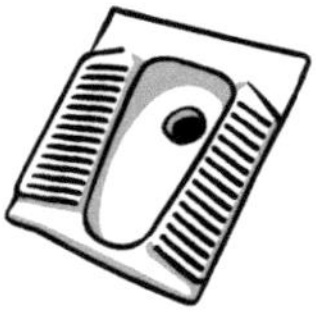

蹲便器

Hocktoilette

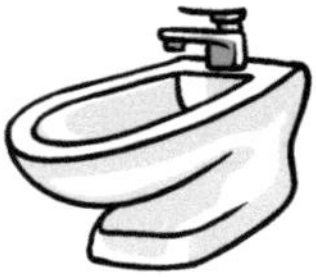

坐浴器

Bidet

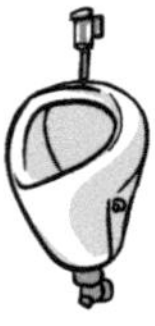

小便斗

Pissoir

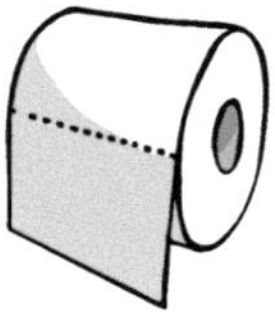

廁紙

Klopapier

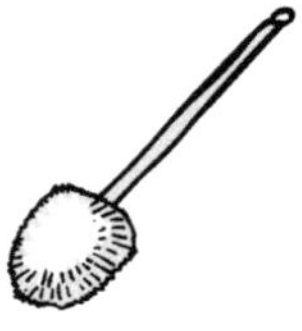

馬桶刷

Klobürste

牙刷
Zahnbürste

牙膏
Zahnpasta

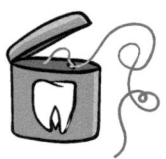

牙線
Zahnseide

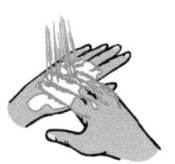

洗
waschen

手持式蓮蓬頭
Handbrause

沖洗器
Intimdusche

洗臉盆
Waschschüssel

洗背刷
Rückenbürste

肥皂
Seife

沐浴露
Duschgel

洗髮乳
Shampoo

法蘭絨
Waschlappen

排水
Abfluss

乳霜
Creme

除臭劑
Deodorant

鏡子

Spiegel

手鏡

Kosmetikspiegel

刮鬍刀

Rasierer

刮鬍泡沫

Rasierschaum

鬍後水

Rasierwasser

梳子

Kamm

刷子

Bürste

吹風機

Föhn

噴髮定型劑

Haarspray

化妝品

Makeup

唇膏

Lippenstift

指甲油

Nagellack

化妝棉

Watte

指甲剪

Nagelschere

香水

Parfum

洗漱包

Kulturbeutel

凳子

Hocker

計重秤

Waage

浴袍

Bademantel

橡膠手套

Gummihandschuhe

衛生棉條

Tampon

衛生棉

Damenbinde

化學廁所

Chemietoilette

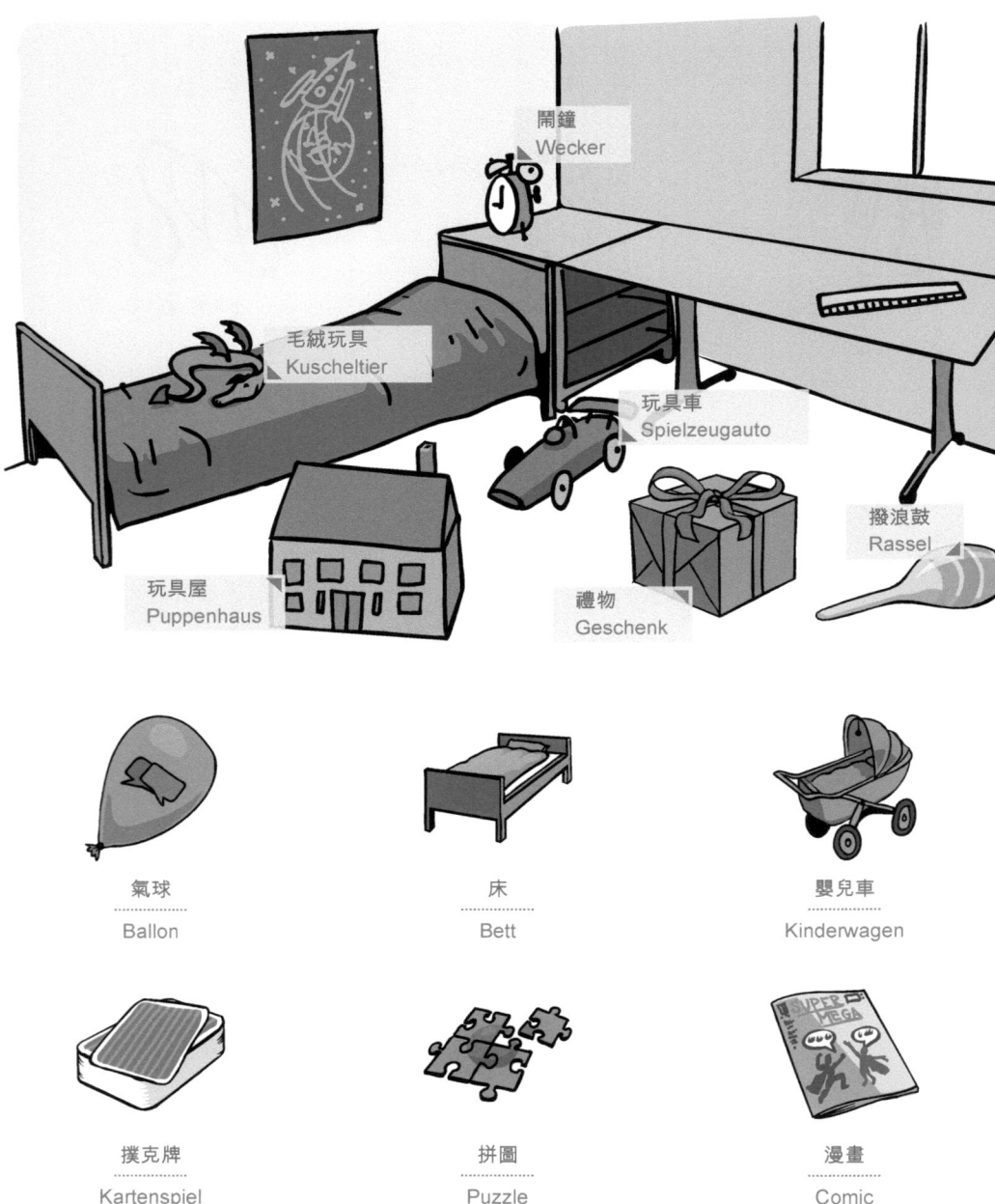

鬧鐘
Wecker

毛絨玩具
Kuscheltier

玩具車
Spielzeugauto

撥浪鼓
Rassel

玩具屋
Puppenhaus

禮物
Geschenk

氣球
Ballon

床
Bett

嬰兒車
Kinderwagen

撲克牌
Kartenspiel

拼圖
Puzzle

漫畫
Comic

樂高積木
Legosteine

積木玩具
Bausteine

公仔
Actionfigur

嬰兒服
Strampelanzug

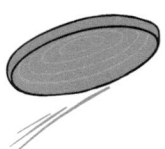

飛盤
Frisbee

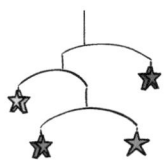

床鈴玩具
Mobile

棋盤遊戲
Brettspiel

骰子
Würfel

火車模型
Modelleisenbahn

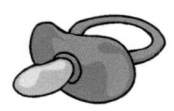

安撫奶嘴
Schnuller

派對
Party

繪本
Bilderbuch

球
Ball

洋娃娃
Puppe

玩
spielen

兒童房 - Kinderzimmer

43

沙坑

Sandkasten

鞦韆

Schaukel

玩具

Spielzeug

電玩遊戲

Spielkonsole

三輪車

Dreirad

泰迪熊

Teddy

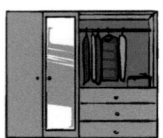

衣櫃

Kleiderschrank

衣服
Kleidung

襪子

Socken

長襪

Strümpfe

緊身褲

Strumpfhose

圍巾
Schal

雨傘
Regenschirm

T恤
T-Shirt

皮帶
Gürtel

靴子
Stiefel

拖鞋
Hausschuhe

運動鞋
Turnschuhe

涼鞋
Sandalen

鞋
Schuhe

雨靴
Gummistiefel

內褲
Unterhose

胸罩
Büstenhalter

背心
Unterhemd

衣服 - Kleidung

身體
Body

褲子
Hose

牛仔褲
Jeans

短裙
Rock

女式襯衫
Bluse

襯衫
Hemd

套頭衫
Pullover

連帽上衣
Kapuzenpullover

西裝夾克
Blazer

夾克
Jacke

外套
Mantel

雨衣
Regenmantel

套裝
Kostüm

連衣裙
Kleid

婚紗
Hochzeitskleid

西裝
Anzug

睡袍
Nachthemd

睡衣
Pyjama

莎麗
Sari

頭巾
Kopftuch

包頭巾
Turban

波卡
Burka

卡夫坦
Kaftan

(阿拉伯式)長袍
Abaya

泳衣
Badeanzug

男式泳褲
Badehose

短褲
kurze Hose

運動服
Jogginganzug

圍裙
Schürze

手套
Handschuhe

鈕扣

Knopf

眼鏡

Brille

手鏈

Armband

項鍊

Halskette

戒指

Ring

耳環

Ohrring

便帽

Mütze

衣架

Kleiderbügel

帽子

Hut

領帶

Krawatte

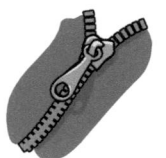

拉鍊

Reißverschluss

安全帽

Helm

背帶

Hosenträger

校服

Schuluniform

制服

Uniform

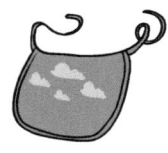

圍兜
Lätzchen

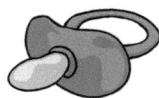

安撫奶嘴
Schnuller

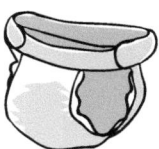

尿布
Windel

辦公室
Büro

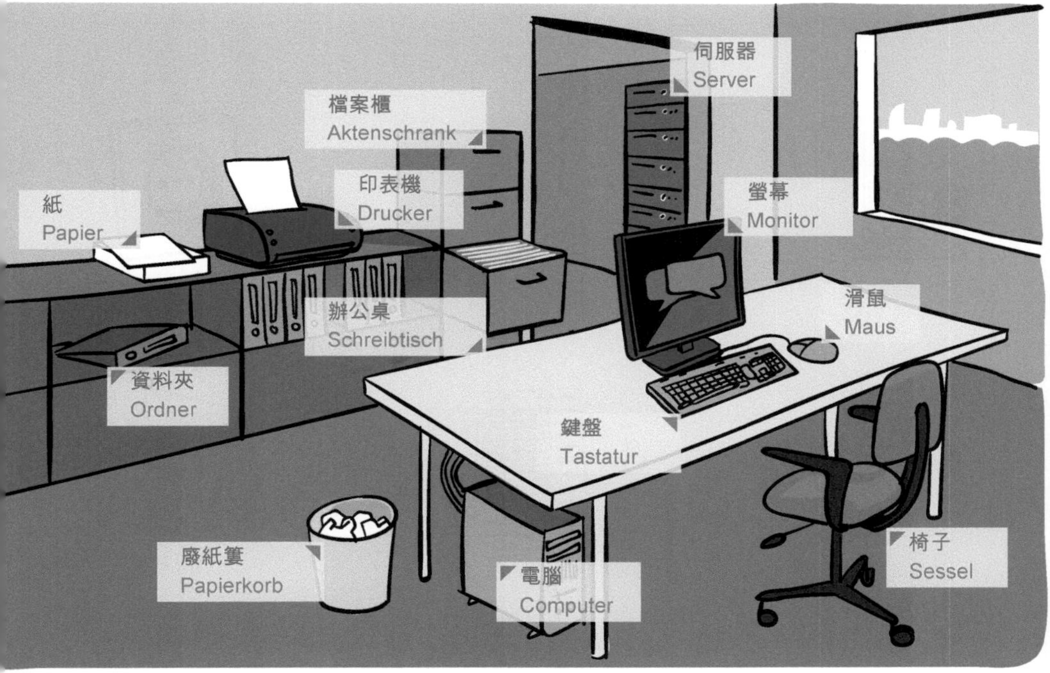
伺服器
Server
檔案櫃
Aktenschrank
印表機
Drucker
螢幕
Monitor
紙
Papier
辦公桌
Schreibtisch
滑鼠
Maus
資料夾
Ordner
鍵盤
Tastatur
廢紙簍
Papierkorb
電腦
Computer
椅子
Sessel

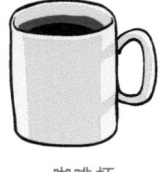

咖啡杯
Kaffeebecher

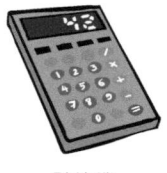

計算機
Taschenrechner

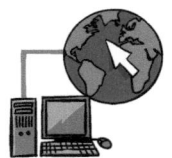

網際網路
Internet

筆記型電腦

Laptop

信件

Brief

簡訊

Nachricht

行動電話

Handy

網路

Netzwerk

影印機

Kopierer

軟體

Software

電話

Telefon

插座

Steckdose

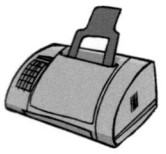

傳真機

Fax

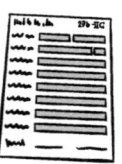

表格

Formular

檔案

Dokument

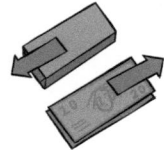

買
....
kaufen

付錢
....
bezahlen

交易
....
handeln

現金
....
Geld

美元
....
Dollar

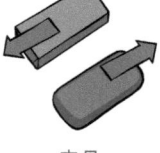

歐元
....
Euro

JPY

日元
....
Yen

RUB

盧布
....
Rubel

CHF

瑞士法郎
....
Franken

CNY

人民幣
....
Renminbi Yuan

INR

盧比
....
Rupie

提款處
....
Bankomat

外幣兌換處
Wechselstube

金
Gold

銀
Silber

石油
Öl

能源
Energie

價格
Preis

合約
Vertrag

稅金
Steuer

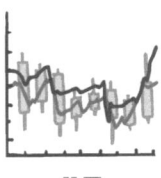

股票
Aktie

工作
arbeiten

職員
Angestellte

老闆
Arbeitgeber

工廠
Fabrik

商店
Geschäft

Berufe

警官
Polizist

消防員
Feuerwehrmann

廚師
Koch

醫師
Ärztin

飛行員
Pilot

園丁
Gärtner

木匠
Tischler

裁縫
Schneiderin

法官
Richter

化學家
Chemikerin

演員
Schauspieler

公車司機

Busfahrer

計程車司機

Taxifahrer

漁夫

Fischer

清洗女工

Putzfrau

屋頂工

Dachdecker

服務生

Kellner

獵人

Jäger

畫家

Maler

麵包師

Bäcker

電工

Elektriker

建築工人

Bauarbeiter

工程師

Ingenieur

屠夫

Schlachter

水管工

Installateur

郵差

Briefträgerin

士兵

Soldat

建築師

Architekt

收銀員

Kassiererin

花農

Blumenhändlerin

理髮師

Friseur

售票員

Schaffner

機械技師

Mechaniker

船長

Kapitän

牙醫

Zahnärztin

科學家

Wissenschaftler

拉比

Rabbi

伊瑪目

Imam

和尚

Mönch

牧師

Pfarrer

工具

Werkzeuge

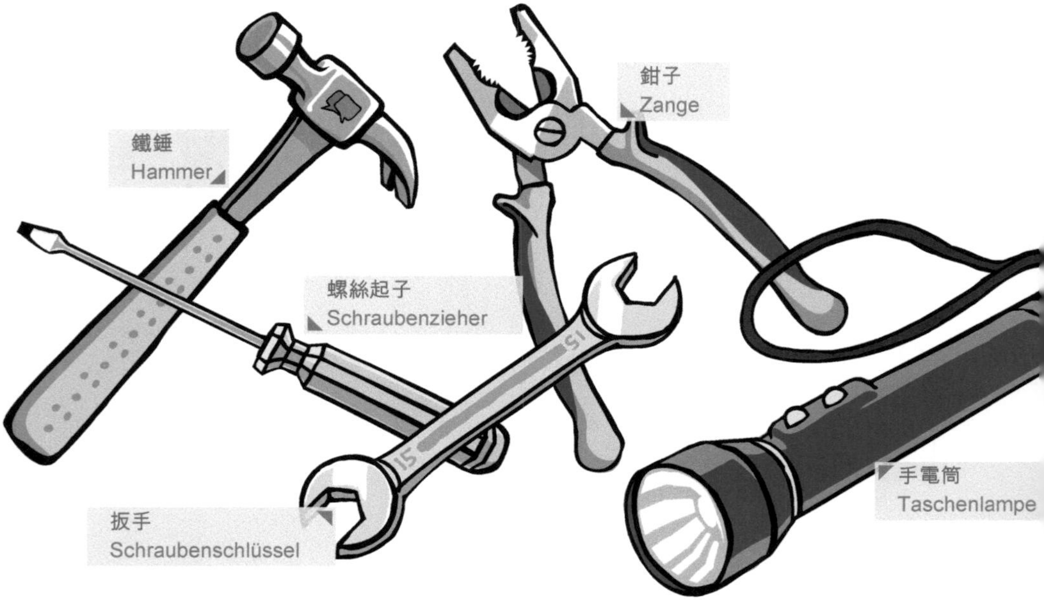
鐵錘
Hammer
鉗子
Zange
螺絲起子
Schraubenzieher
扳手
Schraubenschlüssel
手電筒
Taschenlampe

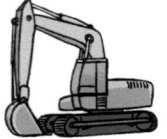

挖掘機

Bagger

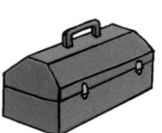

工具箱

Werkzeugkasten

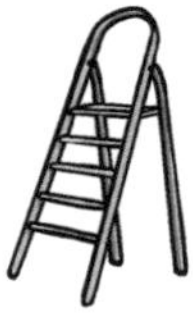

梯子

Leiter

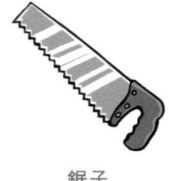

鋸子

Säge

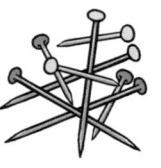

釘子

Nägel

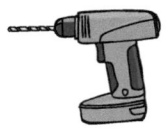

鑽機

Bohrer

修
reparieren

鏟子
Schaufel

糟糕！
Scheiße!

畚箕
Kehrschaufel

油漆桶
Farbtopf

螺絲
Schrauben

樂器
Musikinstrumente

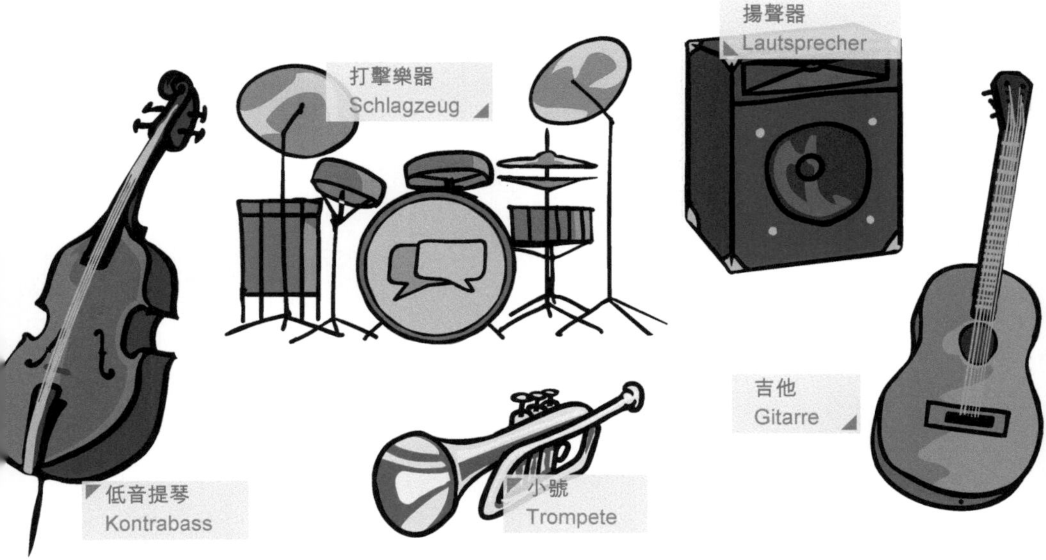

打擊樂器
Schlagzeug

揚聲器
Lautsprecher

低音提琴
Kontrabass

小號
Trompete

吉他
Gitarre

鋼琴

Klavier

小提琴

Violine

貝斯

Bass

定音鼓

Pauke

鼓

Trommeln

電子琴

Tastatur

薩克斯風

Saxophon

長笛

Flöte

麥克風

Mikrofon

老虎
Tiger

入口
Eingang

籠子
Käfig

斑馬
Zebra

動物飼料
Tierfutter

熊貓
Panda

動物
Tiere

大象
Elefant

袋鼠
Känguru

犀牛
Nashorn

大猩猩
Gorilla

熊
Bär

駱駝

Kamel

鴕鳥

Strauß

獅子

Löwe

猴子

Affe

紅鶴

Flamingo

鸚鵡

Papagei

北極熊

Eisbär

企鵝

Pinguin

鯊魚

Hai

孔雀

Pfau

蛇

Schlange

鱷魚

Krokodil

動物園管理員

Zoowärter

海豹

Robbe

美洲豹

Jaguar

矮種馬

Pony

豹

Leopard

河馬

Nilpferd

長頸鹿

Giraffe

老鷹

Adler

野豬

Wildschwein

魚

Fisch

龜

Schildkröte

海象

Walross

狐狸

Fuchs

羚羊

Gazelle

橄欖球
American Football

騎腳踏車
Radfahren

網球
Tennis

籃球
Basketball

游泳
Schwimmen

拳擊
Boxen

冰球
Eishockey

美式足球
Fußball

羽毛球
Badminton

田徑
Leichtathletik

手球
Handball

滑雪
Skifahren

馬球
Polo

跳
springen

擁抱
umarmen

笑
lachen

走路
gehen

唱
singen

祈禱
beten

做夢
träumen

親吻
küssen

書寫	畫	展示
schreiben	zeichnen	zeigen

推	給	拿
drücken	geben	nehmen

有
haben

做
machen

當
sein

站
stehen

跑
laufen

拉
ziehen

丟
werfen

摔倒
fallen

躺
liegen

等待
warten

攜帶
tragen

坐
sitzen

穿衣
anziehen

睡覺
schlafen

醒來
aufwachen

看
ansehen

哭
weinen

擊
streicheln

梳頭
frisieren

交談
reden

明白
verstehen

問
fragen

聽
hören

喝
trinken

吃
essen

清理
zusammenräumen

愛
lieben

做飯
kochen

開車
fahren

飛
fliegen

航行

segeln

計算

rechnen

讀

lesen

學習

lernen

工作

arbeiten

結婚

heiraten

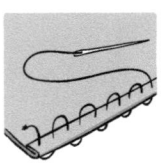

縫

nähen

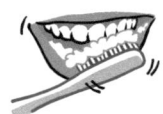

刷牙

Zähne putzen

殺

töten

抽菸

rauchen

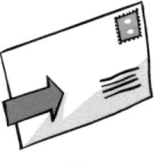

寄

senden

Familie

祖母
Großmutter

嬰兒
Baby

祖父
Großvater

父親
Vater

母親
Mutter

女兒
Tochter

兒子
Sohn

客人
Gast

阿姨
Tante

叔叔
Onkel

兄弟
Bruder

姐妹
Schwester

身體

Körper

前額
Stirn
眼睛
Auge
肩膀
Schulter
手指
Finger
臉
Gesicht
下巴
Kinn
手
Hand
腿
Bein
乳房
Brust
手臂
Arm

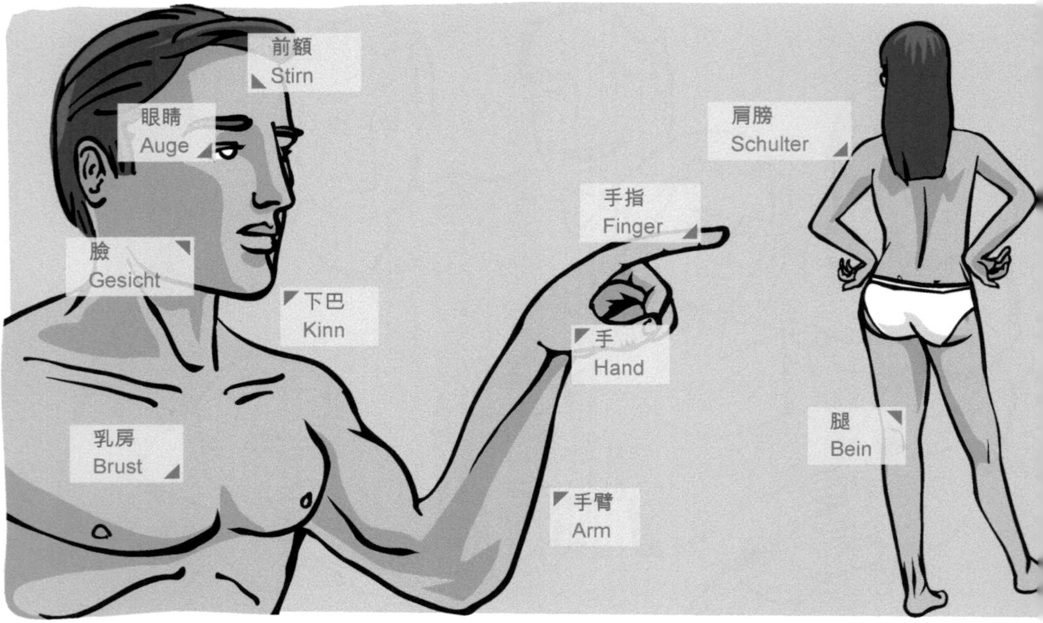

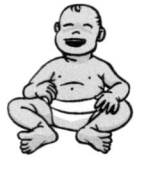

嬰兒

Baby

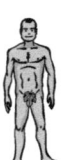

男人

Mann

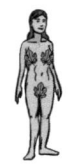

女人

Frau

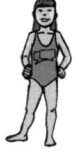

女孩

Mädchen

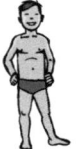

男孩

Junge

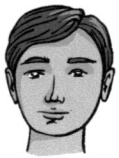

頭

Kopf

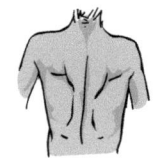

背部
Rücken

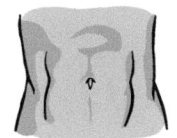

肚子
Bauch

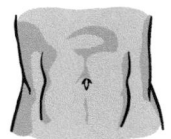

肚臍
Nabel

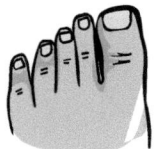

腳趾
Zeh

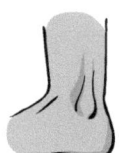

腳後跟
Ferse

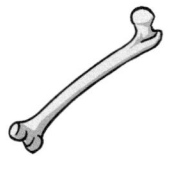

骨頭
Knochen

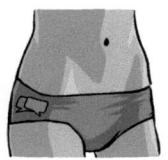

臀部
Hüfte

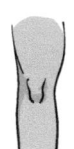

膝蓋
Knie

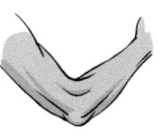

手肘
Ellbogen

鼻子
Nase

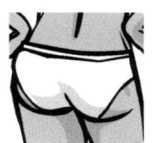

屁股
Gesäß

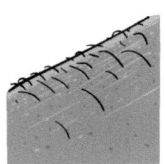

皮膚
Haut

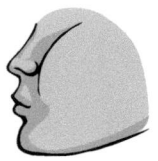

臉頰
Wange

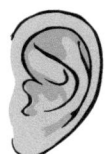

耳朵
Ohr

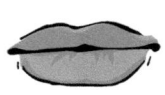

嘴唇
Lippe

嘴
Mund

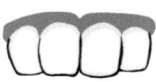

牙齒
Zahn

舌頭
Zunge

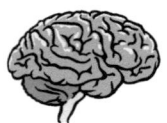

腦
Gehirn

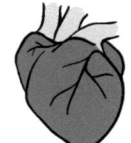

心臟
Herz

肌肉
Muskel

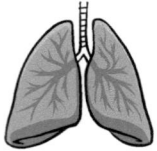

肺
Lunge

肝臟
Leber

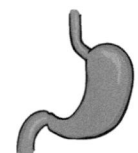

胃
Magen

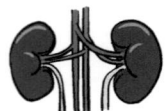

腎臟
Nieren

性交
Geschlechtsverkehr

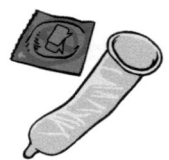

保險套
Kondom

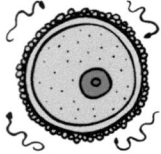

卵子
Eizelle

精子
Sperma

懷孕
Schwangerschaft

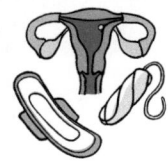

月事

Menstruation

陰道

Vagina

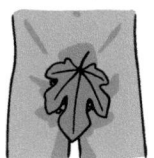

陰莖

Penis

眉毛

Augenbraue

頭髮

Haar

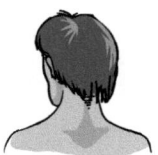

脖子

Hals

醫院

Spital

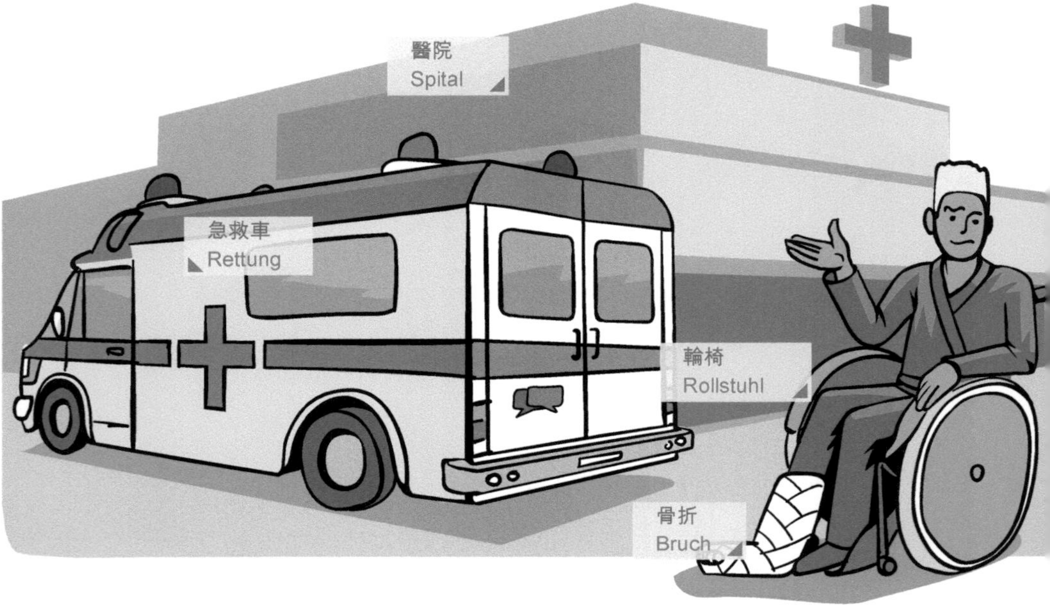

醫院
Spital
急救車
Rettung
輪椅
Rollstuhl
骨折
Bruch

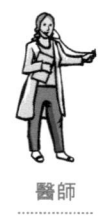

醫師

Ärztin

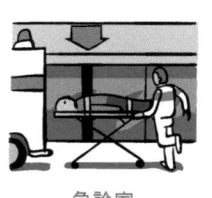

急診室

Notaufnahme

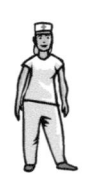

護理師

Krankenschwester

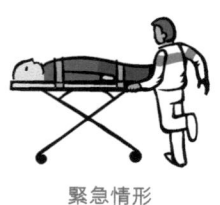

緊急情形

Notfall

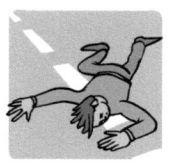

昏迷

ohnmächtig

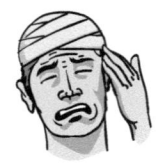

痛

Schmerz

受傷

Verletzung

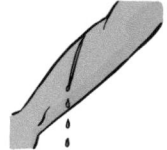

出血

Blutung

心臟病發作

Herzinfarkt

中風

Schlaganfall

過敏

Allergie

咳嗽

Husten

發燒

Fieber

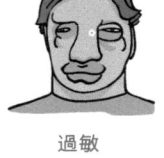

流感

Grippe

腹瀉

Durchfall

頭痛

Kopfschmerzen

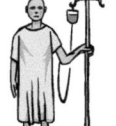

癌症

Krebs

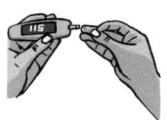

糖尿病

Diabetes

外科醫師

Chirurg

手術刀

Skalpell

手術

Operation

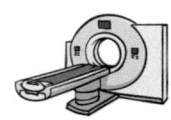

電腦斷層掃描

CT

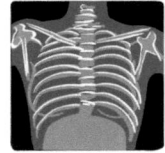

X光

Röntgen

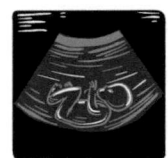

超音波

Ultraschall

口罩

Maske

疾病

Krankheit

候診室

Wartezimmer

拐杖

Krücke

石膏

Pflaster

繃帶

Verband

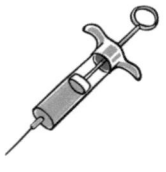

注射

Injektion

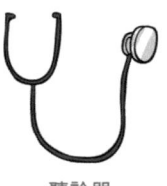

聽診器

Stethoskop

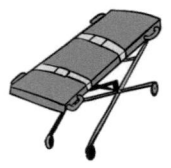

擔架

Trage

體溫計

Thermometer

出生

Geburt

超重

Übergewicht

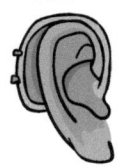

助聽器

Hörgerät

消毒液

Desinfektionsmittel

感染

Infektion

病毒

Virus

愛滋病

HIV / AIDS

藥物

Medizin

接種疫苗

Impfung

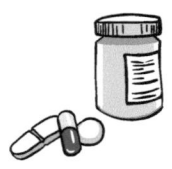

藥片

Tabletten

藥丸

Pille

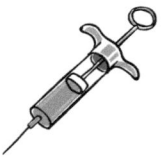

急救電話

Notruf

血壓計

Blutdruckmesser

生病/健康

krank / gesund

救命！

Hilfe!

警報

Alarm

突擊

Überfall

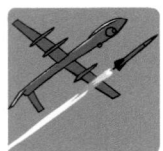

攻擊

Angriff

危險

Gefahr

緊急出口

Notausgang

失火了！

Feuer!

滅火器

Feuerlöscher

意外

Unfall

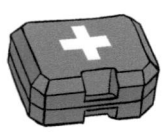

急救箱

Erste-Hilfe-Koffer

呼救訊號

SOS

員警

Polizei

歐洲

Europa

北美洲

Nordamerika

南美洲

Südamerika

非洲

Afrika

亞洲

Asien

澳洲

Australien

大西洋

Atlantik

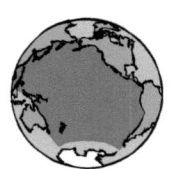

太平洋

Pazifik

印度洋

Indische Ozean

南冰洋

Antarktische Ozean

北冰洋

Arktische Ozean

北極

Nordpol

南極

Südpol

南極洲

Antarktis

地球

Erde

陸地

Land

海

Meer

島

Insel

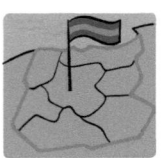

國家

Nation

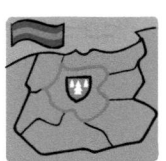

州

Staat

錶盤

Ziffernblatt

時針

Stundenzeiger

分針

Minutenzeiger

秒針

Sekundenzeiger

現在幾點？

Wie spät ist es?

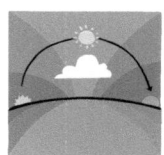

天

Tag

時間

Zeit

現在

jetzt

電子錶

Digitaluhr

分

Minute

時

Stunde

週

Woche

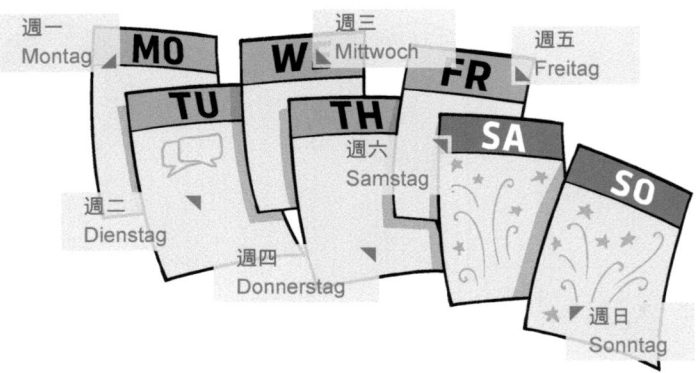

週一　Montag
週二　Dienstag
週三　Mittwoch
週四　Donnerstag
週五　Freitag
週六　Samstag
週日　Sonntag

昨天

gestern

今天

heute

明天

morgen

早晨

Morgen

中午

Mittag

晚上

Abend

MO	TU	WE	TH	FR	SA	SU
1	2	3	4	5	6	7
8	9	10	11	12	13	14
15	16	17	18	19	20	21
22	23	24	25	26	27	28
29	30	31	1	2	3	4

工作日

Arbeitstage

MO	TU	WE	TH	FR	SA	SU
1	2	3	4	5	6	7
8	9	10	11	12	13	14
15	16	17	18	19	20	21
22	23	24	25	26	27	28
29	30	31	1	2	3	4

週末

Wochenende

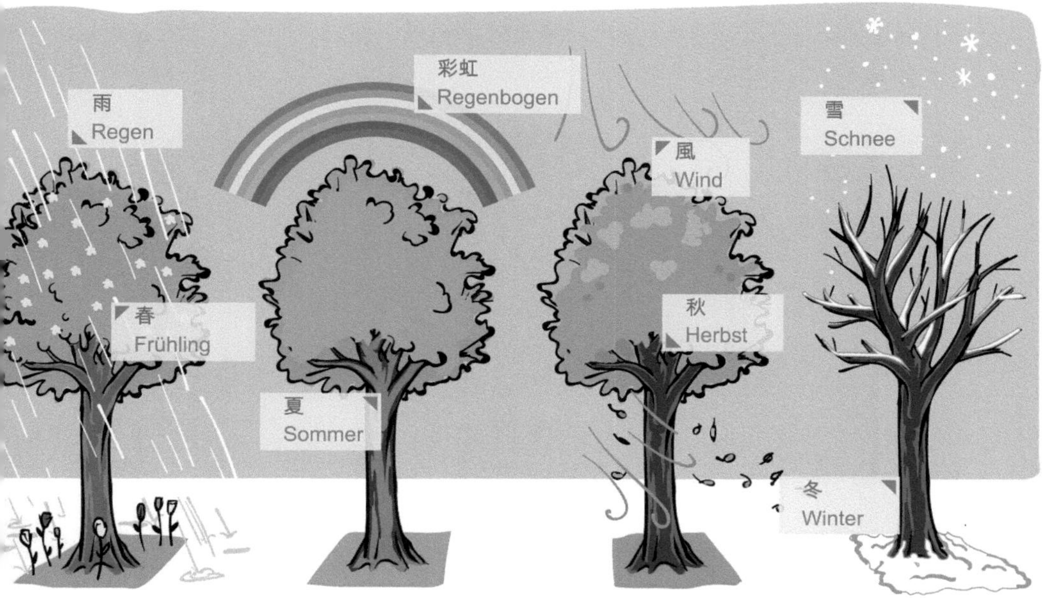

雨
Regen

彩虹
Regenbogen

風
Wind

雪
Schnee

春
Frühling

秋
Herbst

夏
Sommer

冬
Winter

天氣預告

Wettervorhersage

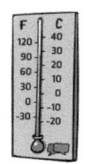

溫度計

Thermometer

陽光

Sonnenschein

雲

Wolke

霧

Nebel

潮濕

Luftfeuchtigkeit

閃電

Blitz

打雷

Donner

風暴

Sturm

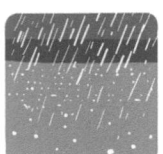

冰雹

Hagel

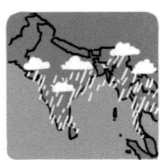

季風

Monsun

洪水

Flut

冰

Eis

一月

Jänner

二月

Februar

三月

März

四月

April

五月

Mai

六月

Juni

七月

Juli

八月

August

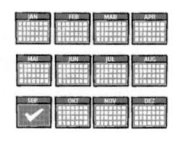

九月
September

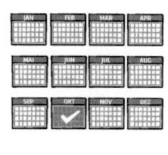

十月
Oktober

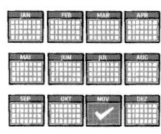

十一月
November

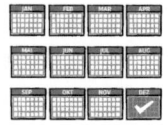

十二月
Dezember

形狀

Formen

圓形
Kreis

正方形
Quadrat

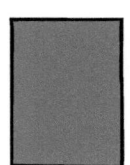

長方形
Rechteck

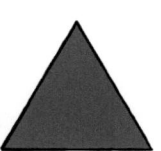

三角形
Dreieck

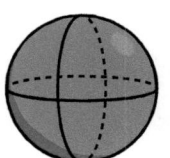

球體
Kugel

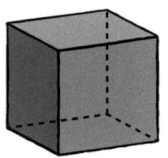

立方體
Würfel

白
weiß

黃
gelb

橙
orange

粉
pink

紅
rot

紫
lila

藍
blau

綠
grün

棕
braun

灰
grau

黑
schwarz

很多/少許

viel / wenig

生氣/平靜

wütend / friedlich

美/醜

hübsch / hässlich

首/尾

Anfang / Ende

大/小

groß / klein

明/暗

hell / dunkel

兄弟/姐妹

Bruder / Schwester

乾淨/骯髒

sauber / schmutzig

完整/缺失

vollständig / unvollständig

白天/晚上

Tag / Nacht

死/生

tot / lebendig

寬/窄

breit / schmal

可食用/非食用

genießbar / ungenießbar

邪惡/善良

böse / freundlich

興奮/無聊

aufgeregt / gelangweilt

胖/瘦

dick / dünn

第一/最後

zuerst / zuletzt

朋友/敵人

Freund / Feind

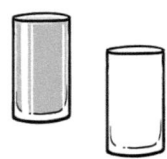

滿/空

voll / leer

硬/軟

hart / weich

重/輕

schwer / leicht

餓/渴

Hunger / Durst

生病/健康

krank / gesund

非法/合法

illegal / legal

聰明/愚笨

gescheit / dumm

左/右

links / rechts

近/遠

nah / fern

新/舊

neu / gebraucht

沒有/有些

nichts / etwas

老/幼

alt / jung

開/關

an / aus

打開/闔上

offen / geschlossen

安靜/吵鬧

leise / laut

富/窮

reich / arm

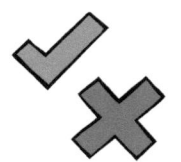

對/錯

richtig / falsch

粗糙/光滑

rau / glatt

傷心/高興

traurig / glücklich

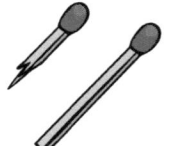

短/長

kurz / lang

慢/快

langsam / schnell

濕/乾

nass / trocken

溫暖/涼爽

warm / kühl

戰爭/和平

Krieg / Frieden

0

零
....
null

1

一
....
eins

2

二
....
zwei

3

三
....
drei

4

四
....
vier

5

五
....
fünf

6

六
....
sechs

7

七
....
sieben

8

八
....
acht

9

九
....
neun

10

十
....
zehn

11

十一
....
elf

12

十二
zwölf

13

十三
dreizehn

14

十四
vierzehn

15

十五
fünfzehn

16

十六
sechzehn

17

十七
siebzehn

18

十八
achtzehn

19

十九
neunzehn

20

二十
zwanzig

100

百
hundert

1.000

千
tausend

1.000.000

百萬
Million

英語
....
Englisch

美式英語
....
Amerikanisches Englisch

普通話
....
Chinesisch (Mandarin)

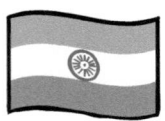

印地語
....
Hindi

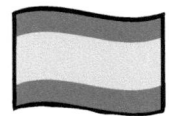

西班牙語
....
Spanisch

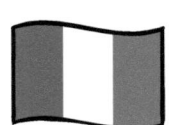

法語
....
Französisch

阿拉伯語
....
Arabisch

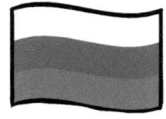

俄語
....
Russisch

葡萄牙語
....
Portugiesisch

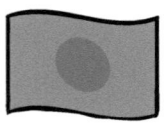

孟加拉語
....
Bengalisch

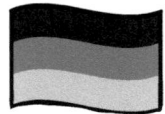

德語
....
Deutsch

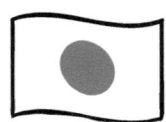

日語
....
Japanisch

我

ich

你

du

他/她/它

er / sie / es

我們

wir

你們

ihr

他們

sie

誰？

Wer?

什麼？

Was?

如何？

Wie?

何處？

Wo?

何時？

Wann?

名字

Name

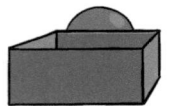

後面

hinter

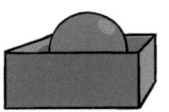

裡面

in

前面

vor

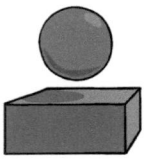

上方

über

上面

auf

下麵

unter

旁邊

neben

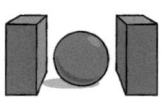

中間

zwischen

地點

Ort